스카비오사

리허설 부케

내맘에 쏙 드는 인생부케찾기

이 도서의 국립중앙도서관 출판예정도서목록(CIP)은 서지정보유통지원시스템 홈페이지(http://seoji.nl.go.kr)와 국가자료공동목록시스템(http://www.nl.go.kr/kolisnet)에서 이용하실 수 있습니다.(CIP제어번호: CIP2017035779)

월간 플로라 특선 부케 vol.2

내맘에쏙 드는 인생부케찾기

리허설 부케

Rehearsal Bouquet

발행일	2018년 1월 25일 초판1쇄 발행
엮은이	월간 플로라 편집부
펴낸이	이지영
편 집	이종택, 서경은
디자인	Design Bloom 이나리
펴낸곳	도서출판 플로라
등 록	2010년 9월 10일 제 2010-24호
주 소	경기 파주시 회동길 325-22(서패동) 301호
대표메일	flowernews24@naver.com
문의전화	02-323-9850

ISBN 979-11-87261-31-5 (13630)

이 책은 저작권법에 의하여 보호받고 있는 저작물이므로
저자의 서면 허락 없이 전제와 복제, 인터넷 등의 수록을 금합니다.

리허설 부케
Rehearsal Bouquet

들어가는 말

당신을 위한 인생부케

여성의 다양한 아름다움과 매력을 끌어올려주는 꽃, 부케
디자인과 용도의 경계가 허물어지다.

리허설 부케와 본식 부케의 경계가 모호해지고 있는 요즘, 정형화된 예식과 부케 스타일에서 점점 그 디자인의 폭이 넓어지고 콘셉트가 다양해지는 것은 꽃을 좋아하는 사람으로서 반가운 일이다. 더군다나 최근에는 웨딩 부케용이 아니더라도 특별한 날, 기념일에 평범한 데이트 중에도 부케 스타일 상품을 찾는 고객들이 늘고 있다. 자신의 매력을 자유롭게 어필할 수 있는 '인생사진'과 자신이 즐기는 멋진 라이프스타일을 공유하는 자리에 꽃, 특히 부케는 더욱 많이 쓰이고 있다.

밋밋한 벽을 배경으로 핸드타이드를 무심하게 잡은 손 또는 풍성한 꽃다발을 한 아름 안고 찍거나 작은 부케로 수줍게 얼굴을 가리는 등의 셀프 사진은 SNS에서 정말 수없이 찾아볼 수 있다. 또한 친구들과 함께하는 우정사진이나 브라이덜 파티 사진, 커플과의 데이트 스냅 사진에도 부케가 빠지지 않는 것은 누구나 아는 사실이다. 그 어떤 소품과 조명보다 꽃, 특히 가볍고 캐주얼하게 들 수 있는 부케는 그 중 가장 사랑받는 디자인이다. 이런 흐름에서 격식을 차린 부케가 아닌 꽃을 포장하지 않고 어렌지만으로 예쁘게 잡은 부케는 플라워 숍의 상품으로서도 앞으로 더욱 주목할 만하며 이런 맥락에서 다양하게 활용할 수 있는 부케 디자인을 '리허설 부케'에 선별해 담았다.

사계절 아름다운 꽃, 부케
내 마음에 꼭 맞는 꽃을 찾을 수 있기를

'리허설 부케'는 부케라는 형태에 자주 활용되었던 디자인이나 재료의 범위를 넓혀 리허설 본연의 용도 외에도 특별한 콘셉트의 웨딩, 스몰웨딩, 야외촬영용 부케, 하우스웨딩 등에도 널리 매치할 수 있는 다양한 스타일의 부케를 엄선했다. 아무리 수입소재를 사용해 사계절 꽃을 볼 수 있는 시대라지만 플라워 디자인에서 계절감을 무시할 수 없고, 꽃이라는 생물의 특성을 반영해 봄, 여름, 가을, 겨울의 자연스러운 흐름으로 구성해 독자의 편의성을 높였다. 봄 파트에서는 파스텔 톤의 부드럽고 따뜻한 색조의 부케들을 볼 수 있으며 여름 파트에는 그린 소재를 다양하게 사용해 내추럴하고 시원하거나 시크한 느낌의 디자인을 주로 담았다. 가을에는 온화하고 클래식한 무드의 풍성하고 볼륨 있는 스타일의 부케들을 골라보았다. 마지막으로 겨울 부케로는 화이트와 레드, 그린을 기본으로 고급스러우면서도 정겹고 동양적인 느낌이 드는 디자인을 꼽아보았다. 물론 예비신부를 비롯한 여러 독자들의 취향과 기준에 따라 본 책에 분류된 계절을 거슬러 원하는 디자인 어느 것을 선택해도 무리는 없을 것이다.
수년간 월간 플로라에 작품을 연재하는 전문 플로리스트들의 디자인이 담긴 월간 플로라 특선부케 vol.2 '리허설 부케'를 통해 평소 꽃을 좋아하고 즐기는 사람이든, 예식을 앞두고 부케를 선택해야만 하는 사람이든 '내가 원하던 바로 그 부케'를 찾을 수 있기를 바란다. 화장기 없는 얼굴을 한 휴일 오후에도 어김없이 꽃은 여성이 지을 수 있는 가장 아름다운 미소를 이끌어내며 순간의 분위기를 한층 행복하고 로맨틱하게 바꾸어준다. 그 인생의 꽃을 꼭 만나길 소망한다.

월간 플로라 편집부

목차

04 들어가는 말

Spring

12 싱그럽고 따뜻한 봄의 결혼식
14 화이트 옐로 피치
16 오리엔탈 핑크 부케 with 매화
18 부드럽고 따스하게
20 찬란하게 아름다운
21 보라보라 부케
22 로맨틱 펀치 부케
24 두 가지 매력 부케
26 분홍 나비 나빌레라
28 꽃의 여왕
29 어디에나 예쁘게
30 봄의 정원에서
31 깨끗하고 맑은
32 우아함과 내추럴함의 사이
34 러블리 글램 부케
36 블루 히야신스 부케
38 분홍 히야신스 부케
39 솜사탕 부케
40 옐로 아트 부케
42 론지의 결혼식
43 연분홍 튤립 부케
44 오렌지피치 가든 부케

Summer

- 48 여름 들꽃 부케
- 50 우아한 프렌치 부케
- 51 스윗 프라그랑스
- 52 레드 그린 다홍
- 54 코티지 웨딩 부케
- 56 썸머 바이올렛 부케
- 57 내추럴 엘레강스
- 58 분홍 칼라 부케
- 60 비대칭 핸드타이드
- 61 분홍빛 쿠루쿠마 부케
- 62 그린 퍼플 옐로
- 64 숲속 부케
- 66 낯설고 강렬한 아름다움
- 67 모던앤시크
- 68 시크앤드라이 부케
- 70 빈티지 그린 부케
- 72 쿨 썸머 부케
- 73 레드 퍼플 그린
- 74 두 송이 다알리아 부케
- 76 사랑과 정열을 그대에게
- 77 레드 라인 부케
- 78 꽃다운 당신의 결혼식
- 80 볼륨 앤 블룸
- 82 순수한 사랑의 고백

목차

Autumn

- 86 밀푀유 부케
- 88 내추럴 가을 부케
- 90 장미 더하기 장미
- 92 노란 맨드라미 부케
- 93 가을 꽃밭 부케
- 94 웨딩 링 부케
- 96 핑크옐로 파리지엔 부케
- 98 레인보우 부케
- 99 팬지와 함께
- 100 해바라기 부케
- 101 보랏빛 환타지 부케
- 102 가을의 전설
- 104 유카덴드룸 부케
- 106 아프리칸 부케
- 107 그린 부케 케스케이드
- 108 꽃비 웨딩 부케
- 109 열매 부케
- 110 스카비오사 x 와인석죽
- 112 컨트리 웨딩 with 암미
- 114 스카비오사 x 열매

Winter

118 호접란 단아 부케
120 눈꽃 신부 부케
122 블랙 타이 부케
124 러블리 윈터 부케
125 핑크 로즈 멜리아 부케
126 더스티밀러 멜리아 부케
128 로맨틱 리본 부케
130 레드 로즈 멜리아 부케
131 화이트 샤워 부케
132 4가지 색 장미 부케
134 청순 부케
135 웨딩버라이어티 부케
136 레드와인 부케
138 따뜻한 팜파스 부케
140 내추럴 호접 부케
142 윈터 그리너리 부케
143 킹프로테아 작은 부케
144 베로니카 팬 부케
145 리본 부케
146 빈티지 핑크 부케

148 작가색인

Spring
Part1

#파스텔톤

#청초한

#부드러운

#귀엽고사랑스러운

#생동감넘치는

#소녀같은

#따스한

#핑크앤옐로

싱그럽고 따뜻한 봄의 결혼식

#수선화부케
#노랑노랑

노오란 봄꽃 부케를 들고 버진 로드를 걷는 신부의 아름다운 모습이 연상된다. 옐로와 화이트의 화사한 컬러매치에 청초한 꽃잎을 지닌 꽃들과 줄아이비로 자연스러움을 더했다.

소재 _ 나팔 수선화, 미니 수선화, 라넌큘러스, 윙, 뽀삐, 아네모네, 목수국, 줄헤데라
디자인 _ 벨빌 장하나

화이트 옐로 피치

#퐁퐁부케
#우아해

새로운 시작과 밝은 앞날을 상징하는 컬러배색으로 상큼하고 설렘 가득한 웨딩부케를 만들었다.
소재 _ 국화(퐁퐁), 수선화, 튤립, 제니스타

깨끗한 흰 튤립 두 송이와 잔잔한 꽃잎으로 봄 느낌을 전하는 쁘띠 부케이다. 가녀린 손목을 가진 신부에게 특히 잘 어울린다.

소재 _ 튤립, 제니스타
디자인 _ 제이블 플라워 안재경, 정재윤

오리엔탈 핑크 부케 with 매화

#한복드레스
#진분홍
#연분홍

부드러운 핑크빛 컬러에 흰 매화의 고고한 자태가 아름답다.
달콤한 봄의 향기를 은은하게 풍기며 따스한 신부의 마음을 나타내준다.
동양적인 매력을 한껏 드러낸 부케이다.

소재 _ 카네이션, 라넌큘러스, 장미, 이베리스, 매화, 프리틸라리아
디자인 _ 베르에블랑 이세훈

부드럽고 따스하게

#파스텔톤

봄 햇살 한가득 품은 부드럽고 화사한 꽃잎에서 발랄함과 행복함을 느낄 수 있다.
밝고 흥겨운 축제 같은 결혼식이 떠오른다.

소재 _ 파피오, 금잔화, 홍매화, 매발톱, 장미, 리시안서스, 목수국, 쥐땅나무
디자인 _ 메리스에이프럴

찬란하게 아름다운

#히야신스
#향기

부드러운 연보라와 산뜻한 연두가 만나 반짝이는 봄비를 연상시킨다.
노란 동양인의 피부 톤에 잘 어울리는 보랏빛 부케는 신부를 더욱 사랑스럽게 만든다.

소재 _ 스카비오사, 헬레보루스, 히야신스, 불로초, 스위트피, 미스티블루
디자인 _ 라플로스 장지현

#퍼플튤립
#목수국

보라보라부케

진한 보랏빛과 목수국의 그린으로 매혹적이면서도 우아한 분위기를 내는 부케이다.
스위트피를 함께 곁들여 자연스러운 느낌으로 마무리했다.

소재 _ 튤립, 목수국, 스위트피, 모카라, 헬레보루스, 프리지아
디자인 _ 라플로스 장지현

로맨틱 펀치 부케

#큐트 #모던

때로는 드러내는 것보다 적당히 감추는 것이 아름답고 매력적이다.
사랑스러움 가득한 핑크&퍼플 톤 부케에 원형 프레임을 얹어 모던한 감각을 살려주었다.
미니멀한 드레스에 잘 어울린다.

소재 _ 국화, 장미, 천일홍, 케로네
디자인 _ 메리스에이프럴

두 가지 매력 부케

#화사하게
#부드럽게

두 가지 컬러의 장미를 앞뒤로 배치해 부드러운 보랏빛 부케와 상큼한 오렌지 컬러를 모두 느낄 수 있다. 하늘거리는 봄꽃의 움직임이 보는 이를 유혹한다.

소재 _ 장미(오션송, 키위), 물망초, 아시안텀, 델피니움, 아이비(백설공주)
디자인 _ 로즈드노엘 이명현

분홍 나비 나빌레라

#핑크호접
#분홍치마

여인의 치마를 연상시키듯 호접란으로 바인딩 부분에 포인트를 주어 더욱 아름답고 드라마틱하다.
작지만 사랑스러운 부케이다.

소재 _ 장미(프러포즈), 호접란, 수국, 스토크, 러브체인, 유코코리네, 라넌큘러스
디자인 _ 로즈드노엘 이명현

꽃의 여왕 #풍성하고 #우아한

절제된 세련미 속에서 나타낸 화려함이 포인트이다. 사랑스럽고 탐스러운 꽃들과 그린의 조화가 아름답다. 우아하면서 내추럴한 스타일을 선호하는 신부에게 추천한다.

소재 _ 작약, 수국, 장미, 리시안서스
디자인 _ 조셉플라워 김시원

어디에나 예쁘게

#캐주얼
#청순드레스

순수한 사랑을 나타내듯 깔끔한 분홍빛 장미와 화이트 조팝 그리고 산뜻한 잎 소재로 간결하면서도 러블리하게 꾸몄다. 내추럴하고 캐주얼한 분위기나 우아한 드레스 어디에나 잘 어울린다.

소재 _ 장미(헤라), 조팝, 레몬트리, 아이비
디자인 _ 앳홈 김소민

봄의 정원에서

#예쁜봄꽃
#다모여라

아름다운 봄의 정원에서 갓 꺾어 묶은 듯 내추럴하면서 청순함이 물씬 풍기는 부케 디자인이다.

소재 _ 장미, 알스트로메리아, 천일홍, 옥시페탈룸, 홍조팝, 불로초, 하이페리쿰
디자인 _ 로사스튜디오 강영은

깨끗하고 맑은

#봄의신부
#컬러풀화사

깨끗하면서 화사한 분위기는 봄 웨딩에 가장 적절하다. 다양한 색을 사용했지만 퓨어한 감성이 충만하게 느껴지는 웨딩 부케이다.

소재 _ 장미, 용담, 칼라, 미니호접, 리시안서스, 베로니카, 훅엽란
디자인 _ 스위트민트 하정연

우아함과 내추럴함의 사이

#드라마틱
#소설같은

전통적인 형태에서 벗어난 비대칭 스타일로 넓은 초원에서 펼쳐지는 웨딩에 어울린다. 빈티지한 아름다움이 돋보이는 아이보리와 핑크 톤 장미를 메인으로 유칼립투스가 바람에 날리듯 드라마틱한 분위기를 연출해준다.

소재 _ 헬레보루스, 아이스베르그, 장미, 스카비오사, 사루비아, 수국, 유칼립투스(폴리)
디자인 _ 안단테블룸 우윤경

러블리 글램 부케

#핑크앤옐로

부드러운 핑크와 화사한 옐로 컬러를 고급스럽고 풍성하게 믹스매치했다. 잔잔한 느낌을 주는 꽃들 가운데 누드 톤의 핑크 장미가 아름다운 모습을 드러낸다. 길고 볼륨 있는 형태로 글래머러스한 신부에게 잘 어울린다.

소재 _ 장미(머스타드), 스위트피, 설유화, 미모사, 수선화, 튤립, 아이비(백설공주)
디자인 _ 케이라플레르 김애진

블루 히야신스 부케

#시크한
#카리스마

여리여리한 이미지의 파스텔톤 히야신스와 달리 선명한 블루 컬러로 강렬하면서 내추럴하게 디자인한 부케이다. 야외 결혼식이나 한복 드레스에 잘 어울린다.

소재 _ 그린후크, 스위트후크, 히야신스, 스카비오사 씨드
디자인 _ 제이블 플라워 안재경

분홍 히야신스 부케

#여리여리하고 #모던한

히야신스의 기분 좋은 향기가 스카비오사와 아스틸베의 꽃잎을 타고 퍼져나가는 듯하다. 부드러운 파스텔 톤에 줄기를 자연 그대로 드러내 내추럴함과 여성스러움을 한껏 나타낼 수 있는 디자인이다.

소재 _ 스카비오사, 아스틸베, 냉이, 히야신스, 베로니카, 라구르스
디자인 _ 케이라플레르 김애진

솜사탕 부케

#내추럴
#피크닉웨딩

꽃무늬 천으로 리본을 만들어 사랑스러움이 부케 한가득 느껴진다. 따뜻한 봄날, 싱그러운 풀밭 위의 결혼식을 연출해준다. 아기자기하고 귀여운 이미지를 가진 신부에게 잘 어울린다.

소재 _ 장미, 스카비오사, 라넌큘러스, 수선화, 미니 델피니움, 리시안서스, 무스카리
디자인 _ 앳홈 김소민

옐로 아트 부케

#청초함
#화사함

상큼하고 기분 좋은 옐로 컬러에 레드 포인트로 드라마틱하게 구성한 부케이다.
노란 호접란과 수선화가 신부의 청초한 아름다움을 나타낸다.

소재 _ 호접란, 겹수선화, 카네이션, 라넌큘러스, 캥거루발톱
디자인 _ 애플블라썸 김미정

론지의 결혼식

#백합부케 #로맨틱

시원시원한 이목구비를 가진 늘씬한 신부에게 어울리는 백합부케이다. 스마일락스를 길게 늘어뜨리고 꽃비가 오는 듯 작은 꽃송이를 붙여 로맨틱하고 신비스러운 분위기를 만들어준다.

소재 _ 백합(론지), 오니소갈룸, 스마일락스
디자인 _ 메리스에이프럴

연분홍튤립 부케

#봄!하면
#튤립

컬러 그 자체로 봄을 연상시키며 새로운 시작을 하는 봄의 신부에게 따뜻한 마음과 사랑을 주는 부케이다.
청순하고 소녀스러운 감성을 좋아하는 신부에게 잘 어울린다.

소재 _ 튤립
디자인 _ 라플로스 장지현

오렌지피치 가든 부케

#오묘한
#컬러감

달콤한 피치컬러로 예쁘게 물들었다. 오묘한 색감의 장미가 아름답고 매혹적인 부케이다. 따스하고 여유로운 감성으로 장밋빛 가든 웨딩을 연출해준다.

소재 _ 장미, 라넌큘러스, 카네이션, 스프레이 카네이션, 리시안서스, 유칼립투스
디자인 _ 에이든플로랄아틀리에 이영석

Summer
Part2

#내추럴그린

#시원한

#정열적인

#푸르른

#싱그러운

#청량한

#소박하거나

#시크하거나

여름 들꽃 부케

#시원해
#귀여운

하늘거리고 연약한 들꽃들을 엄브렐라펀으로 감싸주었다. 청량감을 주는 그린과 화이트 톤으로 싱그러운 정원에서의 야외결혼식이 연상된다.

소재 _ 마트리카리아, 라일락, 부풀리움, 엄브렐라펀
디자인 _ 프라나플라워 강미정

우아한 프렌치 부케

청초한 #엘레강스한

프렌치 스타일에 단정한 아웃라인으로 우아한 분위기를 연출한다. 화이트앤그린의 심플한 컬러조합과 풍성함으로 여름밤 하우스 웨딩에 잘 어울린다.

소재 _ 장미(마르샤), 디디스커스, 아스틸베, 퐁퐁, 스카비오사, 프리지아, 실키, 아이비
디자인 _ 메모리즈 플라워 김예원

스윗 프라그랑스

#여성스럽게
#자연스럽게

레이스 꽃잎과 밝고 시원한 그린으로 싱그러운 꽃내음이 가득하다. 그린 화이트의 심플한 색감에 약간의 포인트를 준 암(arm) 부케로 라일락과 꽃 댕강나무의 몽글몽글한 모양과 달콤한 향이 매혹적이다.

소재 _ 무늬호엽란, 무늬헤드라, 델피니움, 리시안서스, 스카비오사(옥스퍼드), 로즈마리, 라일락, 꽃댕강

디자인 _ 붉은산다화 조미진

레드 그린 다홍

#사랑스러워
#크나큰로즈

로맨틱한 무드가 넘치는 다홍빛 프렌치 부케이다. 잎 소재의 자유분방함과 여유로움으로 자연스럽고 러블리한 스타일을 좋아하는 신부에게 잘 어울린다.

소재 _ 장미(줄리아, 치어리더), 크리스마스부쉬, 아이비, 스위트피, 아스틸베, 유칼립투스 씨드, 페니쿰, 미모사, 아트리플렉스
디자인 _ 케이라플레르 김애진, 신수진

코티지 웨딩 부케

#스윗한
#전원결혼식

오묘한 보랏빛 리시안서스의 아름다운 꽃잎과 앙증맞은 천일홍, 잎 소재들이 소박하면서도 로맨틱한 분위기를 연출한다. 동양인의 피부 톤에 잘 어울리는 퍼플로 신부의 얼굴을 더욱 생기 가득하게 만들어준다.

소재 _ 블러싱브라이드, 리시안서스, 미니 알리움, 천일홍, 신지매
디자인 _ 원스테라스 차지영

썸머 바이올렛 부케

#내추럴그린 #청량한

퍼플과 화이트가 주는 순수한 사랑의 이미지에 아이비의 청량감과 산뜻함을 더해 살아 숨 쉬듯 내추럴함이 가득한 여름 부케이다.

소재 _ 장미(오션송), 아디안텀, 아네모네, 유코코리네, 줄아이비, 아이비(백설공주)
디자인 _ 로즈드노엘 이명현

내추럴 엘레강스

#그린수국
#아이비

우아한 여신 느낌의 여름부케로 산뜻한 연두빛과 짙은 녹색의 아이비까지 자연의 아름다움을 한껏 느낄 수 있다. 내추럴함과 섬세함을 모두 원하는 신부에게 추천한다.

소재 _ 수국, 가든 장미, 장미(마르샤), 사루비아, 리시안서스, 칼라, 덴파레, 줄아이비
디자인 _ 안단테블룸 우윤경

분홍 칼라 부케

#정갈한
#잎새리본

옥잠화 잎과 칼라의 줄기를 강조해 우아하고 섬세한 아름다움을 표현했다.
머메이드 스타일 드레스나 새틴 소재의 심플한 드레스에 잘 어울린다.

소재 _ 옥잠화 잎, 칼라, 은단나무 열매, 호엽란
디자인 _ 숲울림 정혜원

비대칭 핸드타이드 #언밸런스 #드라마틱

매혹적인 핑크컬러의 큼지막한 작약을 중심으로 소재들을 한쪽으로 늘어뜨려 과감하게 연출했다. 특별한 웨딩 촬영에 유니크하게 활용할 수 있고 와일드한 여성미를 표현하고픈 신부에게 추천한다.

소재 _ 코랄작약, 아칸사스, 스모그트리, 잎안개, 떡갈나무, 중산국수나무, 베로니카, 오쿠라
디자인 _ 플로르라엘 서이향

분홍빛 쿠루쿠마 부케

#열대지방
#아름다운예식

핑크 쿠루쿠마의 신기한 꽃 모양과 산뜻한 색감이 보는 이의 시선을 사로잡는다. 하늘거리는 유니폴라와 후체라의 조합이 시크하고 사랑스럽다. 이 꽃을 든 사람은 분명 오늘 예식의 주인공일 수밖에 없다.

소재 _ 쿠루쿠마, 유니폴라, 후체라, 홍죽, 호엽
디자인 _ 플로데루시 전지훈

그린 퍼플 옐로

#보색대비
#이그조틱한

독특한 쉐입의 생동감이 가득 느껴지는 부케디자인이다.
방크시아의 이국적인 매력과 퍼플앤옐로의 풍부한 컬러감이 결혼 예식을 더욱 아름답게 연출해준다.

소재 _ 칼라, 퐁퐁국화, 리시안서스(암바), 유채꽃, 방크시아, 미모사, 아네모네, 스키미아, 종려나무 잎
디자인 _ 숲울림 정혜원

숲속 부케

#레드앤블루
#크리스마스로즈

짙은 와인과 블루가 강렬하게 대비를 이루며 조화를 이루는 디자인으로 컨셉츄얼한 웨딩촬영에 포인트가 되어주는 부케이다.

소재 _ 수국, 헬레보루스, 칼라, 무스카리

디자인 _ 지플레르 이지연

낯설고 강렬한 아름다움
#트로피컬 #매력적인

화려한 레드계열 꽃을 풍성히 사용한 플랫 부케이다. 사용된 소재들만으로 럭셔리하고 매혹적인 분위기를 연출해준다. 강렬하고 과감한 스타일을 선호하는 여성에게 추천한다.

소재 _ 장미, 금어초, 강아지버들, 몬스테라, 마지니타, 엽란
디자인 _ 듀셀브리앙 이현경

모던앤시크

#틸란시아
#수국부케

모던한 감각과 함께 한국적인 정취를 느낄 수 있는 유니크한 부케이다. 진홍색 수국을 메인으로 아름다운 곡선과 시크한 직선을 더해 콘셉트 촬영이나 야외웨딩에서 독특한 분위기를 연출한다.

소재 _ 수국, 세로그라피카(틸란시아), 트리칼라, 쓰리토메인, 아스틸베
디자인 _ 라플렌 정안자

시크앤드라이 부케

#여름부케
#블루포인트

독특한 드라이 소재와 부쉬로 유니크한 스타일의 부케디자인이다.
빈티지한 드레스나 여성스러운 시폰 드레스 어디에나 매치해도 시크하고 아름답다.

소재 _ 드라이 믹스 부쉬, 유칼립투스, 석화버들
디자인 _ 플레르제이 이주희

빈티지 그린 부케

#해변의웨딩
#부서지는파도

바다 위에 비친 별처럼 반짝이는 듯한 블러싱브라이드와 램스이어를 믹스해 빈티지 그린 부케를 완성했다. 캐주얼하면서 여성스럽고 로맨틱한 분위기로 비치 웨딩이나 스몰 웨딩에 잘 어울린다.

소재 _ 블러싱브라이드, 버질리아, 에키놉스, 화이트스타, 램스이어, 유칼립투스, 천일홍

디자인 _ 아프레리 플라워 최현숙

쿨 썸머 부케

#가든로즈 #심플

여름 시즌 웨딩을 위한 미니 부케로 화이트 톤의 시원한 이미지의 꽃과 러블리함을 나타내는 분홍빛 가든장미를 믹스했다. 심플하면서도 여성스러운 스타일을 선호하는 신부에게 추천한다.

소재 _ 스파트필럼, 장미, 알스트로메리아, 홍조팝, 베로니카, 불로초

디자인 _ 로사스튜디오 강영은

레드 퍼플 그린

#선명한
#보랏빛처럼

자유롭게 뻗어나가는 아이비의 움직임과 고고한 반다의 자태가 매력적인 부케이다. 강렬한 컬러 포인트로 야외촬영에서 멋스럽게 활용할 수 있다.

소재 _ 다알리아, 호접란, 레드베리, 비탈장미, 애정목, 아이비
디자인 _ 마미야앤코 전은경

두 송이 다알리아 부케

#불타는 #사랑

가볍게 그러나 강렬하게 들 수 있는 여름 웨딩 부케이다. 태양을 닮은 다알리아의 아름다움만으로 보는 이를 압도한다. 내추럴하면서도 성숙한 분위기를 원하는 신부에게 잘 어울린다.

소재 _ 다알리아, 용담, 피어리스, 맨드라미, 스카비오사 열매, 셀렘, 스워드펀
디자인 _ 비욘드앤 박소진

사랑과 정열을 그대에게

#공작깃털 #선명한레드

강렬한 색감에 깃털장식까지 더해 매혹적인 아름다움을 풍부하게 나타냈다. 섹시하면서도 사랑스러운 콘셉트의 사진촬영에서 특별한 분위기를 연출해줄 수 있다.

소재 _ 금어초, 튤립, 리시안서스, 스위트피, 카네이션, 유칼립투스, 공작새깃털
디자인 _ 플로데루시 전지훈

레드 라인 부케

#붉게물든
#노을같은

딥 레드, 빈티지 핑크, 환타 오렌지 컬러가 보는 이를 유혹한다. 칼라의 꽃잎이 보여주는 프릴과 아래쪽까지 부드럽게 떨어지는 전체적인 라인이 고급스럽게 신부의 아름다움을 표현해준다.

소재 _ 아마릴리스, 칼라, 다알리아, 안스리움, 모카라
디자인 _ 베르에블랑 함미주

꽃다운 당신의 결혼식

#동양의 미
#화려한

한국적인 느낌의 자연스러운 꽃들을 이용해 만든 한복에 어울리는 웨딩부케이다. 꼬리(tail bouquet)가 달린 듯 자연스럽게 꽃과 소재로 선을 내려 한복 치마에 살포시 얹어지도록 연출했다. 한옥과 자연이 함께 어우러진 야외에 매치할 수 있다.

소재 _ 다알리아, 아스파라거스, 부추꽃, 장미, 풍선초, 엉겅퀴, 억새
디자인 _ 붉은산다화 조미진

볼륨 앤 블룸

#탐스런 #꽃송이

길게 늘어지는 라인을 살린 스틱형 부케이다.
볼륨감이 느껴지는 장미는 신부의 여성스러운 아름다움을 나타내준다.
암 부케로 안듯이 들어주어 우아한 분위기를 연출한다.

소재 _ 퐁퐁국화, 장미(바이킹)
디자인 _ 제이블플라워 안재경

순수한 사랑의 고백

#퓨어 #로맨틱

V자형의 수평형 부케로 드라마틱한 구성이 매력적이다. 선명한 화이트앤그린의 컬러매치가 인상적이며 꾸미지 않은 듯 순수하고 심플한 아름다움을 선호하는 신부에게 추천한다.

소재 _ 소국, 정금나무, 아이비
디자인 _ 플뢰르라엘 서이향

Autumn
Part3

#클래식한

#무르익는

#따사로운

#풍성한

#고혹적인

#사랑의 결실

#노오란

#해바라기

밀푀유 부케

#유니크
#블러싱브라이드

미니멀한 디자인에 드라마틱한 바인딩 부분이 포인트로 청순하면서 여성스러운 분위기를 내준다.
특별한 콘셉을 가진 웨딩 촬영에서 활용할 수 있다.

소재 _ 장미(밀푀유), 블러싱브라이드, 피(벼과 식물), 그로티스
디자인 _ 제이블플라워 안재경

내추럴 가을 부케

#열매 #낙엽부케

심플하면서 내추럴한 부케로 계절감을 느낄 수 있는 열매와 낙엽으로 멋스럽게 꾸몄다.
화사한 느낌보다 톤다운된 자연스럽고 편안한 분위기를 선호하는 신부에게 추천한다.

소재 _ 장미(돌로미티), 리시안서스, 아스트란티아, 강아지풀, 자리공, 아이비, 천궁
디자인 _ 지플레르 이지연

장미 더하기 장미

#낙엽도 #야외웨딩

자연스러운 꽃들의 움직임이 돋보이는 부케이다. 더 없이 하늘하늘한 느낌의 수입 장미꽃들과 여러 가지 컬러들이 믹스된 부케로 야외 웨딩에서 내추럴함을 더 잘 드러낼 수 있다. 프린세스라인의 웨딩드레스나 쉬폰 드레스와 잘 어울린다.

소재 _ 장미(러블리파운데이션, 줄리아, 올드로즈판타지, 다빈치, 피아노), 라벤더, 이반호프, 줄아이비, 장미, 부추꽃
디자인 _ 케이라플레르 김애진

노란 맨드라미 부케

#흐드러진 #피어리스

선선해지는 가을에 따뜻한 노랑 맨드라미와 다양한 열매, 꽃들로 가을 야외 웨딩에 어울릴 법한 부케이다. 하얗고 깔끔한 웨딩보다는 장식적이고 풍성한 느낌을 선호하는 신부에게 추천한다.

소재 _장미(일레오스), 칼라, 리시안서스, 맨드라미, 버질리아, 피어리스, 오가피열매, 더스티밀러, 아스크레피아스, 레몬잎, 다정금

디자인 _큐앤퀸스가든 현수연

가을 꽃밭 부케

#화사한 #투베로사

오렌지빛 들판에서 꽃가지를 꺾어 만들 듯 자연스럽게 잡아준 부케이다. 가을의 따사로운 햇빛을 닮은 꽃들이 화사하면서 온화한 분위기를 연출한다. 내추럴하고 소박한 가든 스타일 부케를 찾는 신부에게 잘 어울린다.

소재 _ 글로리오사, 투베로사, 금잔화, 골든볼, 라넌큘러스, 냉이
디자인 _ 라로즈플라워앤스쿨 박주영

웨딩 링 부케

#자줏빛 #작약

가을의 신부만을 위한 부케로 컬러풀하고 화려하면서도 캐주얼한 스타일을 찾는 신부에게 추천한다. 꽃 얼굴만 와이어로 연결해 로맨틱한 분위기를 업 시켜준다.

소재 _ 천인국, 종이꽃, 작약
디자인 _ 플뢰르라엘 서이향

핑크옐로 파리지엔 부케

#빈티지핑크 #눈부신

윗면이 플랫한 파리지엔 부케로 아롱거리는 아스틸베가 러블리한 분위기를 만들어준다. 정원에서 막 꺾어 잡은 듯 내추럴하고 싱그러운 느낌이 가득하다.

소재 _ 장미, 아스틸베, 라넌큘러스, 애니고잔서스, 호엽란, 튤립, 퐁퐁국화, 반다
디자인 _ 케이라플레르 김애진

레인보우 부케

#오묘한 #컬러감

부드러운 핑크 톤에 언밸런스하게 어렌지한 그린으로 자연스러운 흐름을 준 부케이다. 오묘한 컬러감의 장미와 귀여운 장미를 매치해 사랑스러운 이미지를 고조시킨다. 야외촬영이나 하우스 웨딩에서 가볍게 포인트를 줄 수 있다.

소재 _장미(클라렌스), 미니장미, 다알리아, 유칼립투스
디자인 _가든브릿지 서원택

팬지와 함께

#프릴꽃잎 #환상적

옐로와 퍼플, 핑크로 화려하고 화사한 컬러의 조합이지만 꽃들을 섬세하게 어렌지해 사랑스럽고 내추럴하게 연출했다. 고급스러운 팬지의 화형과 컬러감으로 캐주얼하고 유니크하면서도 가볍지 않은 스타일을 찾는 신부에게 어울린다.

소재 _ 팬지, 에리카, 로단세, 시넨시스, 레몬잎, 스위트후크
디자인 _ 플로데루시 전지훈

해바라기 부케

#생기발랄 #니겔라

해바라기가 핀 가을 들판을 담은 듯 싱그러움과 화사함을 담은 부케이다. 전원이나 들판에서 촬영할 때 내추럴하면서도 여성스러움을 한껏 강조해줄 수 있다.

소재 _해바라기, 니겔라, 칼라, 아킬레아, 홍화, 베로니카, 둥글레
디자인 _로사스튜디오 강영은

보랏빛 환타지 부케

#럭셔리 #풍성한

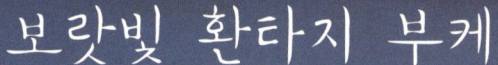

사치스러울 만큼 화려한 가든 스타일 부케는 개성 있고 매력적인 아름다움을 가진 신부에게 잘 어울린다. 갖가지 톤의 신비하고 고혹적인 보랏빛이 특별하다.

소재 _ 세이지, 장미(돌세토), 수국, 유칼립투스, 라벤더, 히야신스, 리시안서스
디자인 _ 안단테블룸 우윤경

가을의 전설

#양귀비 #하늘하늘

대자연 속에서 진행되는 콘셉트 촬영에서 드라마틱하게 활용할 수 있는 부케이다. 바람에 날리듯 넘실거리는 유칼립투스 사이로 청초한 느낌의 양귀비가 아름다운 신부의 모습을 반영해준다.

소재 _ 양귀비, 라넌큘러스, 델피니움, 미모사, 냉이, 유칼립투스(니콜)
디자인 _ 씨앝 어파트먼트 홍나리

유카덴드롬 부케

#꽃인듯 #아닌듯

유카덴드롬이라는 그린 소재를 메인으로 이국적인 느낌과 내추럴 라인을 살려주었다. 꽃과 같은 독특한 모양으로 신비함과 시크함을 보여주며 유니크한 부케를 찾는 신부에게 추천한다.

소재 _ 유카덴드롬, 석화버들, 호엽란
디자인 _ 제나스플라워 이혜진

아프리칸 부케

#go wild #자유로운곡선

내추럴한 듯 무심한 스타일의 부케 디자인이다. 상큼한 오렌지 컬러로 봄의 향기를 물씬 풍기며 이국적이고 고급스러운 분위기를 선호하는 신부에게 잘 어울린다.

소재 _ 칼라, 모카라, 천일홍, 은엽아카시아, 유칼립투스, 핀쿠션 크로테아, 다육식물
디자인 _ 마미야앤코 전은경

그린 부케 케스케이드
#연둣빛 #샤워

잎 소재의 다양한 질감과 자연스러움을 살린 가볍고 와일드한 그린 케스케이드 부케이다. 내추럴한 자연의 풍성함을 담아 야외촬영이나 예식에 독특하게 잘 어울린다.

소재 _ 버질리아, 페니쿰, 니겔라(프리저브드), 유칼립투스, 아이비, 호엽란, 그린 후크, 그린 석죽
디자인 _ 플로데루시 전지훈

꽃비 웨딩 부케

#구슬같이 #엮어서

백일홍을 와이어링해 사랑스럽고 내추럴한 분위기의 가벼운 캐스케이드형 부케를 완성했다. 러블리하고 로맨틱한 핑크빛을 메인으로 신부의 여성스러운 매력을 유감없이 발휘해준다. 캐주얼한 웨딩의 본식에 사용해도 좋은 디자인이다.

소재 _아네모네, 미니 맨드라미, 백일홍, 장미, 리시안서스, 비비스콤, 아이비, 억새
디자인 _붉은산다화 조미진

열매 부케

#가벼운 듯 #가볍지않은

여리여리한 꽃잎을 뽐내는 리시안서스부터 탐스러운 열매와 그 리너리한 소재들까지 풍성히 사용한 언밸런스 부케이다. 계절감과 함께 웨딩 부케만의 청순하고 순수한 이미지를 잘 표현했다. 트렌디하면서도 한국적인 분위기를 가진 부케를 찾는 신부에게 추천한다.

소재 _ 목수국, 리시안서스, 수크령, 보스턴 고사리
디자인 _ 샌프란플라워 윤재은

스카비오사 x 와인석죽

#순수 #내추럴

벨벳 질감의 짙은 와인색 석죽을 배경으로 신비한 연보랏빛 스카비오사가 아름답게 피어나 있는 모습을 부케에 담았다. 심플한 컬러매치이지만 각자의 분위기를 조화롭게 상승시켜준다. 클래식한 아이비로 받쳐 가을 야외 결혼식에 잘 어울린다.

소재 _ 스카비오사, 미니 델피니움, 석죽, 줄아이비
디자인 _ 플뢰르라엘 서이향

컨트리 웨딩 with 암미

#춤추는
#산뜻그린

암미꽃 특유의 소박하고 청순한 아름다움은 특별한 순간을 채우기에 충분하다.
컨트리 풍의 러스틱 웨딩을 준비하는 신부들에게 추천한다.

소재 _ 암미
디자인 _ 로즈드노엘 이명현

스카비오사 x 열매

#보석같은
#버블

작은 열매와 꽃으로 섬세하게 어렌지한 부케이다. 들꽃 같은 아름다움이 자연스럽게 묻어나는 소재들을 사용해 신부를 더욱 아름답고 특별하게 만들어준다. 청순미와 빈티지함을 모두 원하는 신부에게 잘 어울린다.

소재 _ 리시안서스(로즈), 스카비오사(옥스퍼드), 노박덩굴, 베론, 스노우베리
디자인 _ 플뢰르라엘 서이향

Winter
Part4

#하얀눈꽃

#새로운시작

#겨울연가

#홀리데이

#설레는기분

#럭셔리한

#레드앤그린

호접란 단아 부케

#고전적인
#진실한

하얀색 호접란과 검은색 화초고추의 매치가 고급스럽고 우아하게 느껴진다.
단아하고 클래식한 분위기를 선호하는 신부에게 추천한다.

소재 _ 호접란, 화초고추, 남천, 쓰립토메인
디자인 _ 라플렌 정안자

눈꽃 신부 부케

#안개꽃 #스틱부케 #퓨어

안개꽃과 깃털로 만든 귀엽고 사랑스러운 물방울 형태의 부케이다. 겨울 웨딩에 맞춰 눈꽃 같은 하얗고 순수한 분위기를 연출할 수 있다. 환상적이고 럭셔리한 스타일을 좋아하는 신부에게 잘 어울린다.

소재 _ 안개꽃, 스토크, 깃털, 진주
디자인 _ 제나스플라워 김은아

블랙 타이 부케

#카리스마 #모던시크

강렬한 검은 잎과 드라이 소재로 제작한 시크한 스타일의 부케이다. 가을에서 겨울로 넘어가는 정적이고 고요한 분위기의 웨딩 촬영에 모던하게 잘 어울린다.

소재 _ 블랙타이, 안개꽃, 천일홍, 강아지풀, 헬리크리썸(종이꽃), 억새, 목화
디자인 _ 플로데루시 전지훈

러블리 윈터 부케

#핑크다알리아 #화이트부케 #깃털

연핑크로 물든 다알리아가 우아한 호접란을 만나 순결하고 순수한 아름다움을 담은 부케로 탄생했다. 부드러운 깃털 장식은 따스하면서 고급스러운 분위기를 만들어준다. 청순함을 강조하고 싶은 신부에게 추천한다.

소재 _ 다알리아, 퐁퐁소국, 호접, 깃털
디자인 _ 라플렌 정안자

핑크 로즈 멜리아 부케

#향기로운 #쁘띠

달콤한 컬러의 헤라 꽃잎을 하나 하나 와이어링해서 만든 로즈멜리아 부케이다. 쁘띠 사이즈이지만 섬세함과 정성이 깃들어있다. 한 송이 꽃에서 10송이 이상의 환상적인 장미 향기를 느낄 수 있다.

소재 _ 장미(헤라)
디자인 _ 앳홈 김소민

더스티밀러 멜리아 부케

#보들보들 #화사한 #겨울부케

멜리아 테크닉으로 실버그레이 톤의 보드라운 더스티밀러를 꽃처럼 피워냈다.
사랑스런 프릴의 핑크 카네이션과 부드러운 크림 톤 심비디움을 더해 겨울에 어울리는 모던하면서도 단아한
스타일의 부케이다.

소재 _ 더스티밀러, 카네이션, 심비디움
디자인 _ 제나스플라워 김은아

로맨틱 리본 부케

#발레리나부케

하늘거리는 리본의 리듬감이 우아하면서도 재미있다. 러블리한 색감과 우아한 스티파와 멋스런 열매를 곁들여 가볍지 않은 여성스러움을 한껏 발산한다. 미니 드레스나 한복을 계량한 동양적인 드레스와도 잘 어울린다.

소재 _ 튤립, 반다, 등대나무, 장미(오션송)
디자인 _ 라플렌 정안자

레드 로즈 멜리아 부케

#홍죽 #심플

강렬한 붉은 컬러의 로즈멜리아 부케이다.
심플하고 쁘띠한 스타일로 모던한 감각을 원하는 신부에게 추천한다.

소재 _장미(도미니카), 홍죽
디자인 _제나스플라워 이혜진

화이트 샤워 부케

#풍성해 #로맨틱

우아하고 클래식한 샤워 부케로 키 큰 신부를 위한 부케다. 볼륨감이 있는 드레스나 아래로 늘어지는 라인이 강조된 드레스에 어울린다.

소재 _ 장미(마르샤, 라임), 리시안서스, 칼라, 옥시펜타늄, 페니쿰, 줄아이비
디자인 _ 메리스에이프릴

4가지 색 장미 부케

#파티웨딩 #해피웨딩

네 가지 타입의 장미로 클래식하게 잡은 부케이다. 단정하지만 컬러에서 오는 화려함과 점엽란의 도트 무늬가 아름답게 어울린다. 한겨울의 행복한 파티 같은 예식에 잘 어울린다.

소재 _ 장미, 점엽란

디자인 _ 플라워노트 성정민

청순 부케

#핑크핑크 #레드포인트

단아한 모습 속에서도 다채로운 매력을 가진 부케이다.
아름다운 핑크빛 튤립과 심플하지만 산뜻한 초록 잎사귀가 화사하고 생기 있는 신부의 모습을 연출해준다.

소재 _카네이션, 장미(부르트), 튤립, 호엽란, 유칼립투스(파블리에), 왁스플라워, 알스트로메리아, 홍죽, 모카라
디자인 _데코드지윤 유지윤

웨딩버라이어티 부케
#다육이 #호접 #이국적인

크리스마스나 연말의 흥겨운 분위기를 담은 웨딩 부케이다. 레드와 그린을 기본으로 다양한 화형과 질감을 가진 소재를 매치해 화려하고 럭셔리한 스타일을 찾는 신부에게 추천한다.

소재 _ 프로테아, 보르도, 심비디움, 유칼립투스, 스키미아, 오리온, 켈리코, 다육식물
디자인 _ 어게인 플라워 김은진

레드와인 부케

#붉은맨드라미
#와인다알리아

자연스러운 아름다움과 컬러의 풍성함을 담았다. 깊은 레드는 강렬하면서도 세련된 느낌을 연출한다. 심플한 쉐입에서 다채로운 매력을 느끼게 해주는 부케로 발랄하고 건강한 매력을 가진 신부와 잘 어울린다.

소재 _ 장미(푸에고), 맨드라미, 다알리아, 잎안개, 백묘국, 홍죽, 미국자리공, 유칼립투스
디자인 _ 라로즈플라워앤스쿨 박주영

따뜻한 팜파스 부케
#내추럴 #유니크

핑크와 레드로 물든 화사한 분위기의 부케이다. 따스한 핑크 팜파스로 감싸 달콤하고 사랑스러운 분위기로 마무리했다. 트렌디하고 유니크한 스타일을 즐기는 신부에게 추천한다.

소재 _ 팜파스, 튤립, 스위트피, 안개꽃, 낙엽송, 라그라스, 크리스마스부쉬
디자인 _ 닉스플로스 전성엽

내추럴 호접 부케

#침엽수 #호접 #우아함

오리엔탈 무드에 모던함을 갖춘 부케로 캐주얼하고 내추럴한 어렌지에 클래식한 컬러감의 소재들로 소탈하지만 품위 있는 예식의 한 장면을 연출해준다.

소재 _ 장미, 호접란(미니), 전나무, 유칼립투스
디자인 _ 플라워노트 성정민

윈터 그리너리 부케

#심플 #시크

러스틱 웨딩에 어울리는 소박하면서 내추럴한 부케이다. 겨울에 어울리는 레드&그린 컬러에 프로테아 세 송이와 침엽수 느낌의 잎 소재를 매치해 와일드하면서 빈티지한 무드를 한껏 살려주었다. 편안하고 심플한 웨딩을 계획하는 신부에게 추천한다.

소재 _ 프로테아, 왁스플라워, 울부시, 사루비아, 이바노예
디자인 _ 제이디플로랄 김혜진

킹프로테아 작은 부케

#스티파 #드라마틱

드라이가 가능한 킹프로테아와 빈티지한 레드 포인트 카네이션이 사랑스러운 미니 핸드타이드이다. 콘셉트 촬영에서 포인트를 주기에 좋고 빈티지한 드레스에 잘 어울린다.

소재 _ 킹프로테아, 카네이션, 스티파
디자인 _ 플뢰르라엘 서이향

베로니카 팬 부케

#아기자기 #내추럴

한국적인 분위기의 정원을 담은 듯 내추럴한 느낌의 팬 부케이다. 앙증맞은 왁스플라워와 베로니카의 매혹적인 라인이 아름다운 조화를 이룬다. 심플한 세미 드레스나 한복에도 멋스럽게 잘 어울린다.

소재 _ 호엽란, 램스이어, 왁스플라워, 그린후크, 베로니카
디자인 _ 프라나플라워 민소희

리본 부케

#특별한 #플로랄아트

사랑의 결실과 행복한 시작의 메시지를 전해주는 부케이다. 산뜻하고 순수한 이미지의 꽃들을 독특한 리본 프레임에 올렸다. 한옥을 배경으로 하는 웨딩이나 촬영에서 소품이나 장식으로도 사용가능하다.

소재 _ 잎새란, 스노우베리, 크리스마스로즈, 옥시페탈룸, 오니소갈룸
디자인 _ 숲올림 정혜원

빈티지 핑크 부케

#따스한 #정감 있는

온화하고 부드러운 분위기 가운데 품위 있는 아름다움을 보여주는 부케이다. 동양적인 소재와 컬러로 한복 드레스나 클래식한 빈티지 드레스와 멋스럽게 매치할 수 있다.

소재 _ 아스틸베, 강아지풀, 하이베리쿰, 엔틱수국(프리저브드), 갈대, 코랄펀, 솔방울, 장미(필립)
디자인 _ 가든브릿지 서원택

Design by

가든브릿지
서원택
blog.naver.com/kskmmwv

닉스플로스
전성엽
blog.naver.com/florist_yeop

데코드지윤
유지윤
blog.naver.com/sweetbunch

듀셀브리앙

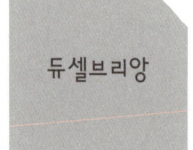

라로즈플라워앤스쿨
박주영
www.larose.co.kr

라플렌
정안자
blog.naver.com/laplain7

라플로스
장지현
www.laflos.com

로사스튜디오
강영은
www.rosadeblanc.com

Design by

로즈드노엘
이명현
www.rose-de-noel.com

마미야앤코
전은경
www.mamiyanparty.co.kr
@ mamiya_n_co_flower

메리스 에이프럴
김영현, 김은아
www.marysapril.com
@ marys_april

메모리즈플라워
김예원
memories-flower.com
@ florist_lovewon

베르에블랑
이세훈, 함미주
www.vertetblanc.co.kr

벨빌
장하나
www.belleville.co.kr

붉은산다화
조미진
www.sandahwa.co.kr
@ sandahwa_flo

비욘드앤
박소진
http://beyond-n.com

Design by

샌프란플라워
윤재은
www.sanfranflower.co.kr
sanfranflower

숲울림
정혜원
blog.naver.com/tsubaki320
flower_soopwoolrim

스위트민트
하정연
www.sweetmintflower.com
sweetmintflower

씨앝 어파트먼트
홍나리
ciat_apartment

아프레리 플라워
최현숙
apreri__flower

안단테블룸
우윤경
andantebloom.com

애플블라썸
김미정
appleblossom.co.kr

앳홈
김소민
blog.naver.com/treeathome

어게인플라워
김은진
www.againflower.co.kr

Design by

에이든플로랄아틀리에
이영석
@ aidenfloralatelier

45

원스테라스
차지영
www.ones-terrace.com

55

제나스플라워
이혜진, 김은아
www.jenasflower.com

105

121

126

130

제이디플로랄
김혜진
www.jdefloral.com
@ jdefloral

142

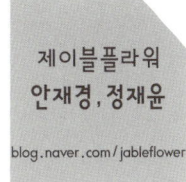
제이블플라워
안재경, 정재윤
blog.naver.com/jableflower

15

37

81

87

조셉플라워
김시원
www.josephflower.com

28

지.플레르
이지연
blog.naver.com/jifleur

65

89

케이라플레르
김애진
www.keira.kr

35

38

53

151

Design by

91

97

큐앤퀸스가든
현수연

blog.naver.com/sooyeon84

92

프라나플라워
강미정, 민소희

blog.naver.com/mani7988

49

144

플라워노트
성정민

www.flowernote.co.kr
flowernote

133

141

플레르제이
이주희

www.fleurj.com

69

플로데루시
전지훈

www.flordelucy.com
flordelucy_

61

76

99

107

123

플뢰르라엘
서이향

fleurlaaile

60

83

95

111

115

143

리아트리스